CONDITIONS DE LA VENTE

Elle sera faite expressément au comptant.

Les acquéreurs paieront *cinq pour cent* en sus des adjudications, applicables aux frais de vente.

Paris. — Alcan-Lévy, imp. breveté, 61, rue de Lafayette.

CATALOGUE

DE

MONNAIES

ANTIQUES ET MODERNES

COMPOSANT LA COLLECTION

DE

Feu M. BASCLE

DONT LA VENTE AUX ENCHÈRES PUBLIQUES AURA LIEU

HOTEL DROUOT

Salle n° 9, au 1er étage.

Le Samedi 14 Avril 1883,

à 2 heures très-précises

Exposition publique le 11 Avril,
de 2 heures à 5 heures.

Par le ministère de Mᵉ Paul CHEVALIER, Commissaire-
priseur, 10, rue de la Grange-Batelière.

Assisté de MM. ROLLIN et FEUARDENT,
Experts, rue et place Louvois, 4

PARIS — 1883

Catalogue

DE MONNAIES

ANTIQUES ET MODERNES

MÉDAILLES GRECQUES

1. **Rome**. Tête d'Hercule jeune, à droite. ℞. ROMA. La Louve allaitant les deux Jumeaux. AR. Belle.

2. **Tarente**. Cavalier au pas, à droite. ℞. ΤΑΡΑΣ. ΑΝΟ. Taras sur un dauphin, à gauche, tenant une quenouille et un acrostalium. AR. T. B.

3. **Métaponte**. Tête de Bacchus jeune, à gauche. ℞. ΜΕΤΑΠ. Epi. AR.

4. — ΜΕΤΑ. Epi en relief. ℞. Même épi en creux. AR. B.

5. **Sybaris**, ΣΥ. Bœuf se retournant. ℞. Même type en creux. AR.

6. **Thurium**. Tête de Pallas, à droite. ℞. ΘΟΥΡΙΩΝ. Taureau cornupète, à droite. AR. B.

7. **Velia**. Tête de Pallas, à gauche. ℞. ΥΕΛΗΤΩΝ. Lion allant, à droite . AR. B

8. **Bruttiens**. Buste de la Victoire à droite. ₰. BPETTIΩN. Bacchus debout de face. AR. T. B.

9. **Agrigente**. AKPA. Aigle au repos, à gauche. ₰. Crabe. AR. T. B.

10. **Panorme** (ou Carthage). Tête de Cérès, à gauche. ₰. Cheval au repos, à droite. Electrum.

11. **Syracuse**. Tête d'Apollon, à gauche. ₰. ΣΥΡΑΚΟΣΙΩΝ. Nepier. Electrum.

12. **Lysimaque** (roi de Thrace). Tête cornue, à droite. ₰. ΒΑΣΙΛΕΩΣ ΛΥΣΙΜΑΧΟΥ. Pallas, assise à gauche. AR. B.

13. **Philippe II** (roi de Macédoine). Tête d'Apollon, à droite. ₰. ΦΙΛΙΠΠΟΥ. Victoire dans une bige, à droite. OR.

14. **Alexandre III** (roi de Macédoine). Tête de Pallas, à droite. ₰. ΑΛΕΞΑΝΔΡΟΥ. Victoire debout, à gauche. OR. B.

15. **Athènes**. Tête de Pallas, à droite. ₰. ΑΘΕ ΑΜΜΟΔΙΥΟ. Chouette sur un *Diota*. AR. B.

16. **Ptolémée Ier Soter** (roi d'Egypte). Tête de Soter, à droite. ₰. ΠΤΟΛΕΜΑΙΟΥ ΒΑΣΙΛΕΩΣ. Aigle sur une foudre, à gauche. AR. B.

17. Lot de 15 médailles grecques en argent.

18. Lot de 18 médailles grecques en bronze.

19. 2 Médailles gauloises. Armorique et Normandie. OR.

MÉDAILLES ROMAINES

20. **Néron**, NERO CAESAR AVG. IMP. Sa Tête jeune nue, à droite. ℞. PONTIF. MAX. TR. P. VIII COS. IIII. P. P. EX. S. C Mars debout, à gauche.   OR.

21. **Vespasien**. IMP. CAESAR VESPASIANVS AVG. Sa tête laurée, à droite. ℞. COS. VI. Taureau cornupète, à droite.   OR. T. B.

22. **Antonin**. ANTONINVS. AVG. PIVS. P. P. TR. P. XVII. Sa tête laurée, à droite. ℞. COS. IIII. Antonin debout, à gauche, tenant un globe.   OR. R. D. C.

23. **Marc Aurèle**. AVRELIVS CAESAR AVG. PII. FIL. Son buste nu et drapé, à droite. ℞. TR. POT. VI. COS. II. La Valeur debout, à gauche.   OR. T. B.

24. **Faustine jeune**. FAVSTINA AVGVSTA. La Santé assise, à gauche.   OR. T. B.

25. Lot de 11 monnaies consulaires.   AR.

26. Lot de 48 monnaies impériales.   AR. et Billon.

MONNAIES FRANÇAISES

27. **Louis II, Charles le Chauve, Eudes, Lothaire II, Louis VI.** 9 pièces.   AR.
28. **Louis IX, Philippe IV, Charles VI.**
                          6 pièces. AR.

29. **Jean II**. Mouton.   OR.

30. **Charles V**. Royal. **Charles VI**. Ecu.
                                        2 pièces. OR.

31. **Henri VI**. Salut. **Charles VII**. Ecu. 2 pièces. OR.

32. **Charles VIII**. Ecu au Soleil.   OR.

33 **Louis XII**. Ecu au Soleil, id. au Porc-Epic.
                                        2 pièces OR.

34. **François I**er Ecu au Soleil, id. à la Croisette, id.
    du Dauphiné.   3 pièces OR.

35. **Charles IX, Henri III**. Ecus au Soleil.
                                        2 pièces OR.

36. **Charles X, Louis XIII**. Ecus au Soleil
                                        2 pièces OR.

37. **Louis XIV**. Louis.   2 pièces OR.

38. **Louis XV**. Louis à la croix de Malte.   OR.

39.   —   Louis et 1|2 louis aux écus ronds
                                        2 pièces OR.

40. **Louis XVI**. Louis aux deux écus 1786.   OR.

41. Une pièce de 20 fr. de Marengo et 5 fr. Napo-
    léon III.   OR.

42. Testons quarts d'Écus, etc., de Henri II à Louis XIII
                                        16 pièces AR.

43. **Louis XIV**. Ecus et divisions.   12 pièces A.R.

44   —   La petite monnaie pour le Canada
                                        AR. rare.

45. **Louis XV**. Ecus et divisions.   12 pièces AR.

46. **Louis XIV**. Ecus et divisions.   9 pièces AR.

47. **République.** 6 livres et 5 fr.   3 pièces AR.

48. **Napoléon I**er. 5 fr. et divisions   15 pièces AR.

49. Famille de l'Empereur Napoléon 5 écus et deux petites pièces.   7 pièces AR.

50. 10 livres Bourbon, 50 sous et 25 sous Maurice,
                    3 pièces AR. F. D. C.

51. **Louis XVIII. Charles X. Louis-Philippe**
3 pièces de 5 fr. et 5 divisions   8 pièces AR.

52. **République de 1848. Napoléon III.**
                    5 pièces AR.

53. Lot de cinq monnaies seigneuriales AR. et billon.

MONNAIES ÉTRANGÈRES

54. **Angleterre.** Lot de 8 monnaies   OR.

55.   —   Lot de 35 écus et divisions.   AR.

56. **Espagne.** Lot de 11 monnaies.   OR.

57.   —   Lot de 29 pièces écus et divisions.   AR.

58. **Portugal.** Lot de 3 pièces.   OR

59. **Italie, Venise, Gênes, Mantoue, Bologne,**
                    4 pièces OR.

60. **Savoie, Charles II.** Ecu.   rare OR.

61. **Savoie, Charles Emmanuel,** double écu avec buste.   rare OR.

62. **Hongrie, Hollande**. 2 ducats.   OR.

63. **Turquie**, **Inde**. Écus.   6 pièces AR.

64. **Italie**. Écus et divisions.   12 pièces AR.

65. **Allemagne**. Etc. Grands écus.   25 pièces AR.

66.   —   Divisions de mêmes pièces.
                                            48 pièces AR.

67. **Amérique**, **Mexique**, **Pérou**, etc. Écus et di-
    visions.   16 pièces AR.

68. **Indes**, etc.   40 pièces AR.

69. Lot de monnaies de billon.   55 pièces

70. Lot de 14 médailles et jetons.   AR.

71. Lot de 120 médailles Romaines de trois modules   AE.

72. Lot de 52 monnaies Françaises depuis Louis XIV jus-
    qu'à nos jours.   Cuivre.

73. Lot de 80 monnaies anglaises et américaines. Cuivre.

74. Lot de 330 monnaies étrangères, jetons, etc. Cuivre.

75. Lot de 26 médailles modernes.   Cuivre.

76. Lot de trois boîtes avec planches ayant servi à renfer-
    mer les collections de monnaies.